ORDONNANCE ET DÉCRETS

SUR LES

PENSIONS DE RETRAITE

DES

EMPLOYÉS DE L'OCTROI DE PARIS.

PARIS.

IMPRIMERIE NATIONALE.

1893.

I.

ORDONNANCE ROYALE DU 7 MAI 1831.

LOUIS-PHILIPPE, Roi des Français, à tous présents et à venir, salut,

Sur le rapport de notre Ministre du commerce et des travaux publics;

Vu les ordonnances des 14 septembre 1815, 8 février 1816, 7 juin 1820 et 24 mai 1821, concernant les pensions de retraite des employés de l'Octroi de la ville de Paris;

Vu les délibérations du conseil général du département de la Seine, faisant fonctions du conseil municipal, en date des 3 septembre 1830 et 17 mars 1831;

Le comité de l'intérieur et du commerce du Conseil d'État entendu,

Nous avons ordonné et ordonnons ce qui suit:

Article premier.

Est approuvé le règlement sur les pensions de retraite des employés de l'Octroi de la ville de Paris, compris dans la délibération du conseil municipal du 3 septembre 1830, modifiée par celle du 17 mars 1831. Une copie dudit règlement restera annexée à la présente ordonnance.

Toutes dispositions antérieures relatives aux pensions de retraite des employés de l'Octroi de Paris sont et demeurent abrogées.

Art. 2.

Nos Ministres du commerce et des travaux publics et des

1

(C.)

finances sont chargés de l'exécution de la présente ordonnance.

Fait à Paris, le 7 mai 1831.

Signé : LOUIS-PHILIPPE.

Par le Roi :

Le Ministre du commerce et des travaux publics,

Signé : Cte D'ARGOUT.

CONSEIL D'ÉTAT.

RÈGLEMENT

DES PENSIONS DES EMPLOYÉS DE L'OCTROI.

ARTICLE PREMIER.

Il sera fait une retenue de cinq pour cent sur les traitements fixes des employés de tout grade de l'Octroi de Paris.

Cette retenue formera, avec les autres ressources dont il sera parlé ci-après, un fonds de retraite et de secours au profit desdits employés, de leurs veuves et enfants.

ART. 2.

Un vingtième de la somme totale accordée par la ville pour remises proportionnelles aux employés sera versé chaque année à la caisse des retraites, *sans que ni ce prélèvement, ni les retenues précédemment faites sur les remises en vertu de l'article 2 du règlement du 14 septembre 1815 puissent donner lieu de faire entrer les remises dans le montant du traitement servant de base à la liquidation des pensions* (1).

---

1) Modifié par l'article 1er du règlement du 9 juin 1879.

ART. 3.

La moitié non attribuée aux employés dans le produit net des saisies fera partie désormais des recettes municipales, conformément à l'article 84 de l'ordonnance royale du 9 décembre 1814.

ART. 4.

Le montant des appointements et remises pendant les vacances d'emploi *et congés,* et les retenues d'émoluments ordonnées comme punition, seront versés à la caisse des retraites (1).

Il en sera de même des remises et des parts de saisies revenant aux employés destitués ou démissionnaires.

Les appointements, remises et parts de saisies non émargés au moment de la reddition des comptes de l'année à laquelle s'appliquent les états de distribution seront versés également à la caisse des retraites; mais le montant pourra en être remboursé, sur la décision du préfet, si les ayants droit se présentent dans l'année qui suivra ce versement; après ce délai, ils seront définitivement acquis à la caisse des retraites.

ART. 5.

Seront versées à la même caisse les économies qui auront été faites dans le courant de l'année sur les différents articles du budget de l'Octroi, ainsi que le produit de la vente des vieux papiers, registres et impressions hors de service.

ART. 6.

En cas d'insuffisance des revenus de la caisse des retraites, le supplément nécessaire pour le service des pensions sera porté chaque année au budget des frais de perception de l'Octroi.

---

(1) Modifié par le décret du 28 juillet 1849 et par l'article 3 du règlement du 9 juin 1879.

ART. 7.

Les employés de l'Octroi ne pourront obtenir de pension qu'autant qu'ils seront âgés de cinquante ans, et qu'ils auront trente ans accomplis de service, soit dans l'Octroi, soit dans les préfectures de la Seine et de Police et autres administrations municipales de Paris, soit dans les armées de terre et de mer, mais sous la condition qu'ils compteront au moins dix années révolues dans l'Octroi ou dans les susdits services municipaux.

Les services civils dans les administrations étrangères, qu'admettait le règlement du 14 septembre 1815, ne seront plus comptés qu'aux employés entrés dans l'Octroi antérieurement à la mise en vigueur du présent règlement.

ART. 8.

Le temps passé dans le service actif de l'Octroi comptera pour un cinquième en sus, pourvu que l'employé ait appartenu pendant dix ans effectifs au moins à ce service.

Est considéré comme service actif celui des inspecteurs, contrôleurs ambulants, jaugeurs, mesureurs, brigadiers, commis ambulants et mariniers.

ART. 9.

Les services civils, compris ceux de l'Octroi, ne seront comptés qu'à partir de l'âge de vingt ans accomplis, et seulement de la date du premier traitement d'activité.

ART. 10.

Les services militaires seront admis pour le temps effectif de leur durée, sans doublement pour les années de campagne et sans addition pour les années de grâce, sauf à ne liquider que ceux non récompensés, comme il sera dit dans l'article suivant.

ART. 11.

La pension accordée après trente ans de service dans l'Octroi ou dans les administrations civiles, conformément aux articles 8, 9 et 10, sera de la moitié du traitement moyen dont l'employé aura joui pendant les *quatre* dernières années (1).

Lorsque des services militaires non récompensés concourront à établir les droits de l'employé, ces services seront rétribués suivant les règlements relatifs aux pensions militaires, et les services civils seront liquidés à raison d'un soixantième du traitement moyen par chaque année de service.

Après trente ans de service, la pension s'accroîtra d'un *soixantième* du traitement moyen pour chaque année en sus, sans que, dans aucun cas, elle puisse excéder les deux tiers dudit traitement, ni dépasser la somme de six mille francs (2).

ART. 12.

Les pensions dont les employés admis à la retraite, et entrés dans l'Octroi antérieurement à la mise en vigueur du présent règlement, jouiraient pour des services civils compris dans la liquidation, viendront en déduction de la pension à imputer sur les fonds de retraite de l'Octroi. Ils seront tenus de les déclarer, à peine de déchéance de leurs droits à la retraite.

ART. 13.

Les employés qui seront mis hors de service par suite d'un accident fortuit résultant immédiatement de l'exercice de leurs fonctions, ou par suite d'une lutte quelconque soutenue par eux pour l'accomplissement de leurs devoirs, auront droit à une pension, lors même qu'ils n'auraient pas dix ans de service dans l'Octroi.

---

(1) Modifié par l'article 6 du règlement du 9 juin 1879.

(2) *Idem.*

Quelle que soit la durée de l'activité de l'employé mis ainsi hors de service, la pension sera réglée par le conseil municipal, sur la proposition du préfet de la Seine, à raison des services qu'il aura rendus et de la gravité de ses blessures, sans que ladite pension puisse jamais être moindre du sixième du traitement moyen qui aurait servi de base à la pension, ni excéder le maximum fixé par l'article 11.

ART. 14.

La pension pourra encore être accordée, avant trente ans de service, aux employés qui, après dix ans d'exercice dans l'Octroi ou dans les autres administrations municipales ci-dessus désignées, seraient reconnus hors d'état de continuer leurs fonctions pour cause d'infirmités, ou dont l'emploi serait supprimé.

La pension accordée dans les cas prévus par cet article sera d'un soixantième du traitement moyen pour chaque année de service.

ART. 15.

Les fractions de franc et de mois seront négligées dans la fixation numérique des pensions.

ART. 16.

Les arrérages des pensions courront au profit des employés en retraite à dater du jour de la cessation de leur traitement d'activité.

ART. 17.

Tout employé destitué ou démissionnaire avant trente ans de service perd ses droits à la pension, sans pouvoir réclamer le remboursement des retenues; mais si, par la suite, l'employé destitué ou démissionnaire est réadmis dans l'Administration, le temps de son premier service comptera pour la pension.

ART. 18.

La veuve d'un pensionnaire ou d'un employé décédé dans l'exercice de ses fonctions, après dix ans effectifs de services admissibles pour la pension, aura droit à une pension égale au *quart* de celle dont son mari jouissait, ou à laquelle ses services lui auraient donné droit, s'il eût été admis à la retraite au moment de son décès (1).

ART. 19.

Les enfants âgés de moins de dix-huit ans auront droit à une pension temporaire égale au *quart* attribué à leur mère. Cette pension leur sera payée jusqu'à ce qu'ils aient atteint leur dix-huitième année; elle sera partageable par tête et réversible de l'un à l'autre, à mesure que chaque enfant arrivera à dix-huit ans ou viendra à décéder avant cet âge (2).

ART. 20.

La veuve d'un employé ou d'un pensionnaire ne pourra obtenir la pension que lui attribue l'article 18, qu'autant qu'elle ne sera ni divorcée, ni séparée de corps, et qu'autant qu'elle aura été mariée cinq ans avant la mort de l'employé décédé en activité, ou cinq ans avant la mise en retraite de l'employé mort pensionnaire.

Les enfants de l'employé mort pensionnaire n'auront droit à la pension qu'autant qu'ils seront issus d'un mariage antérieur à la mise en retraite de leur père.

La veuve qui contracte un nouveau mariage perd ses droits à la jouissance de la pension qu'elle aurait obtenue (3).

ART. 21.

S'il n'existe pas d'enfants ayant droit, la pension de la veuve sera portée au tiers, pourvu toutefois qu'elle soit âgée de cinquante ans au moment du décès de son mari (4).

---

(1) Modifié par l'article 6 du règlement du 9 juin 1879.

(2) *Idem.*

(3) Abrogé par l'article 8 du règlement du 9 juin 1879.

(4) *Idem.*

ART. 22.

La pension des enfants sera portée au tiers si l'employé n'a pas laissé de veuve, ou si la veuve ne réunit pas les conditions exigées par l'article précédent pour obtenir une pension, ou si elle vient à décéder avant que les enfants aient atteint leur dix-huitième année.

ART. 23.

Si un employé, quel que soit son temps d'activité, est tué dans son service ou meurt par suite d'un accident résultant immédiatement de l'exercice de ses fonctions ou de blessures reçues dans les circonstances prévues par l'article 13 ci-dessus, sa veuve même n'ayant pas cinq ans de mariage et ses enfants au-dessous de dix-huit ans auront droit à une pension, qui sera fixée, sur la proposition du préfet du département, par le conseil municipal, conformément audit article 13.

ART. 24.

Les demandes à fin de pension, adressées au Préfet du département de la Seine, seront remises à l'administration de l'Octroi, qui les transmettra à ce magistrat avec tous les titres à l'appui; celui-ci, après avoir vérifié les titres produits et pris l'avis du conseil municipal, *soumettra les projets de liquidation à notre Ministre du commerce et des travaux publics, pour être définitivement approuvés par nous* (1).

Après la reconnaissance provisoire des droits des pétitionnaires, le préfet pourra autoriser des payements à titre d'acompte, jusqu'à concurrence des quatre cinquièmes de la pension présumée devoir être accordée.

---

(1) Abrogé par l'article 1er du décret du 25 mars 1852, rendu applicable à la ville de Paris par l'article 1er du décret du 9 janvier 1861.

ART. 25.

Dans aucun cas, un employé ne pourra cumuler une pension accordée pour services rendus dans l'Octroi avec un traitement payé sur les fonds de l'Octroi ou sur les autres fonds de la ville de Paris ou du département de la Seine, sauf cependant le salaire journalier des préposés auxiliaires des escortes.

ART. 26.

Tout employé ou pensionnaire qui serait convaincu par jugement d'avoir commis des infidélités pendant qu'il était en exercice ou d'avoir coopéré à la fraude, soit avant, soit depuis son admission à la retraite, sera privé de sa pension; l'*ordonnance* qui aura liquidé cette pension sera réputée rapportée par l'effet de la condamnation; les arrérages du trimestre courant tomberont au profit de la caisse des retraites (1).

ART. 27.

Les pensions dont les arrérages n'auront pas été réclamés pendant trois années, à compter de l'échéance du dernier payement, seront censées éteintes. Si les pensionnaires, après la révolution desdites trois années, se présentent, les arrérages n'en commenceront à courir qu'à compter du premier jour du mois qui suivra celui dans lequel ils auront obtenu le rétablissement de leur pension.

Les héritiers ou ayants droit qui laisseront écouler deux années, à compter du décès du pensionnaire, sans produire leurs titres, n'auront aucun droit de réclamer les arrérages dus jusqu'au jour du décès.

ART. 28.

Tous les employés ou leurs veuves et enfants, qui n'auront

---

(1) Modifié par l'article 1er du décret du 25 mars 1852.

pas réclamé la liquidation de la pension dans les six mois de la cessation des fonctions, n'auront droit aux arrérages qu'à partir du premier jour du trimestre dans lequel ils auront complété la production de leurs titres.

ART. 29.

Les sommes affectées aux retraites des employés de l'Octroi ne pourront recevoir aucune autre destination que celle prescrite par le règlement. Elles seront versées, conformément à l'article 110 de la loi du 28 avril 1816, à la Caisse des dépôts et consignations, qui effectuera les payements sur les états arrêtés par l'administration de l'Octroi, et au vu des titres des parties.

ART. 30.

Le directeur et les régisseurs de l'Octroi présenteront chaque année, au préfet, pour être soumis au conseil municipal, le compte des recettes et dépenses de la caisse des retraites et des extinctions de pensions qui seront survenues.

ART. 31.

Les règlements relatifs aux pensions de l'Octroi de Paris, actuellement en vigueur, sont abrogés; néanmoins, les pensions des employés aujourd'hui à la retraite et non encore liquidées seront fixées conformément à ces mêmes règlements.

Signé : LE BEAU, *Président.*

Signé : LE COMTE, *Secrétaire.*

Certifié conforme :

Le Secrétaire du Comité,

Signé : BOULLÉ.

Vu pour être annexé à l'ordonnance royale du 7 mai 1831. Enregistré sous le n° 2731.

Le Ministre du commerce et des travaux publics,

Signé : Cte D'ARGOUT.

II.

DÉCRET DU 28 JUILLET 1849.

AU NOM DU PEUPLE FRANÇAIS,

Le Président de la République,

Sur le rapport du Ministre de l'intérieur;

Le Conseil d'État entendu,

Décrète :

ARTICLE PREMIER.

Est approuvée la délibération de la commission municipale de Paris (Seine), en date du 26 janvier 1849, tendant à modifier les deux premiers paragraphes de l'article 4 du règlement sur les pensions des employés de l'Octroi de Paris, approuvé par ordonnance du 7 mai 1831.

ART. 2.

Le Ministre de l'intérieur est chargé de l'exécution du présent décret.

Fait à Paris, à l'Élysée-National, le 28 juillet 1849.

Signé : L.-N. BONAPARTE.

Le Ministre de l'intérieur,

Signé : Dufaure.

DÉLIBÉRATION DE LA COMMISSION MUNICIPALE DU 26 JANVIER 1849.

NOTA : *Le règlement approuvé par le décret qui précède ayant été détruit dans l'incendie de 1871, les dispositions qu'il contient ont été extraites de la lettre commune adressée aux inspecteurs divisionnaires à la date du 24 août 1849.*

. . . .

« La moitié des appointements est conservée aux employés pour les *congés* qui n'excéderont pas quinze jours.

« Pour les *congés* qui dépasseront ce terme, les employés conserveront la moitié de leurs appointements pour les quinze premiers jours; le surplus du congé donnera lieu à la retenue du traitement intégral; les remises afférentes au temps de ces absences continueront à être attribuées en totalité à la caisse des retraites (1). »

. . . .

III.

DÉCRET DU 9 JUIN 1879.

LE PRÉSIDENT DE LA RÉPUBLIQUE FRANÇAISE,

Sur le rapport du Ministre de l'intérieur et des cultes;

Vu l'ordonnance royale du 7 mai 1831 portant approbation

---

(1) Modifié par l'article 3 du règlement du 9 juin 1879.

du règlement sur les pensions de retraite des employés de l'Octroi de Paris;

Vu les délibérations en date des 23 décembre 1878 et 27 février 1879, par lesquelles le conseil municipal de Paris a modifié ledit règlement;

Le Conseil d'État entendu,

DÉCRÈTE :

ARTICLE PREMIER.

Sont approuvées les modifications au règlement sur les pensions de retraite des employés de l'Octroi de Paris comprises dans les délibérations du conseil municipal du 23 décembre 1878 et du 27 février 1879, et dont copie est annexée au présent décret.

ART. 2.

Le Ministre de l'intérieur et des cultes est chargé de l'exécution du présent décret.

Fait à Paris, le 9 juin 1879.

Signé : JULES GRÉVY.

Par le Président de la République :

Le Ministre de l'Intérieur et des Cultes,

Signé : CH. LEPÈRE.

MODIFICATIONS
AU RÈGLEMENT DES PENSIONS DES EMPLOYÉS DE L'OCTROI DE PARIS.

ARTICLE PREMIER.

A dater du 1er janvier 1879, les remises accordées par la ville de Paris aux employés de l'Octroi et sur lesquelles un prélèvement de 5 p. o/o est opéré au profit de la caisse des retraites, conformément à l'article 2 du règlement du 7 mai 1831, seront comptées, comme la première portion du traitement, pour la fixation du traitement moyen qui sert de base à la liquidation des pensions de ces employés.

ART. 2.

A dater de la même époque, une retenue de 5 p. o/o au profit de la caisse des pensions de l'Octroi sera également prélevée sur la totalité de l'indemnité allouée par l'État auxdits employés pour la perception des droits d'entrée effectuée postérieurement au 31 décembre 1878.

Cette indemnité figurera, comme les remises de la Ville et, au *maximum*, pour la même quotité, dans le calcul du traitement moyen, mais seulement à partir du jour où elle aura été soumise à retenue.

ART. 3.

Est modifié ainsi qu'il suit le paragraphe 1er de l'article 4 du règlement actuel approuvé par l'ordonnance du 7 mai 1831 :

« Art. 4, § 1er. Seront versés à la caisse des retraites les retenues d'émolument ordonnées comme punition, ainsi que le montant des appointements et remises pendant les vacances d'emploi et congés autres que les congés accordés pour cause de maladie régulièrement constatée. »

ART. 4.

Les employés de l'Octroi de Paris ayant appartenu à l'administration des octrois de la banlieue annexée en 1860 seront admis à compter pour la liquidation de leur pension de retraite le temps de service passé dans les octrois de l'ancienne banlieue à condition de verser l'arriéré des retenues corrélatives.

ART. 5.

Les employés de l'Octroi de Paris qui ont appartenu à l'octroi des villes d'Alsace Lorraine annexées à l'Allemagne seront admis à compter pour la liquidation de leur pension de retraite le temps de service passé à l'octroi desdites villes où ils ont été soumis aux retenues réglementaires.

ART. 6.

Sont modifiés ainsi qu'il suit les articles 11, § 1er et 3, 18 et 19 du règlement actuel :

« Art. 11, § 1er. La pension accordée après trente ans de service dans l'Octroi ou dans les administrations civiles, conformément aux articles 8, 9 et 10, sera de la moitié du traitement moyen dont l'employé aura joui pendant les trois dernières années.

« § 3. Après trente ans de service, la pension s'accroîtra d'un quarantième du traitement moyen pour chaque année en sus, sans que, dans aucun cas, elle puisse excéder les deux tiers dudit traitement ou dépasser la somme de six mille francs.

« Art. 18. La veuve d'un pensionnaire ou d'un employé décédé dans l'exercice de ses fonctions après dix ans de services effectifs admissibles pour la pension aura droit à une pension égale au tiers de celle dont son mari jouissait, ou à laquelle ses services lui auraient donné droit, s'il eût été admis à la retraite au moment de son décès.

« Art. 19. Les enfants âgés de moins de dix-huit ans auront droit à une pension temporaire égale à la moitié de celle attribuée à leur mère. Cette pension leur sera payée jusqu'à ce qu'ils aient atteint leur dix-huitième année; elle sera partageable par tête et réversible de l'un à l'autre, à mesure que chaque enfant arrivera à dix-huit ans ou viendra à décéder avant cet âge. »

ART. 7.

Les dispositions du règlement du 7 mai 1831 et celles du

présent règlement sont déclarées communes et seront appliquées à l'avenir aux sous-ordres de l'administration de l'Octroi (garçons de bureau, huissiers, facteurs, magasiniers et hommes de service).

Ceux de ces agents actuellement en fonctions, qui voudront faire compter leurs anciens services pour la liquidation de leur pension de retraite, devront avoir versé préalablement le montant des retenues, calculées à raison de 5 p. o/o, sur les salaires qu'ils auront touchés pour ces services.

ART. 8.

Sont abrogés le dernier paragraphe de l'article 20 et l'article 21 du règlement annexé à l'ordonnance du 7 mai 1831, ainsi que les autres dispositions du même règlement qui sont contraires à celles qui précèdent.

Vu pour être annexé au décret du 9 juin 1879.

Pour le Ministre :

Le Sous-Secrétaire d'État,

Signé : MARTIN FEUILLÉE.

IV.

DÉCRET DU 11 JUIN 1881 (1).

LE PRÉSIDENT DE LA RÉPUBLIQUE FRANÇAISE,

Sur le rapport du Ministre de l'intérieur et des cultes;

Vu les lois des 24 juillet 1873 (art. 2) et 22 juin 1878 (art. 12);

---

(1) LOI DU 24 JUILLET 1873 (Art. 1er). — Les emplois civils et militaires désignés aux états annexés à la présente loi sont exclusivement attribués, dans

Vu les décrets des 4 juillet 1806 et 1er février 1813; les ordonnances des 8 janvier 1817, 13 novembre 1822, 20 août 1824; les décrets des 2 août 1856, 21 septembre 1861, 5 février 1868, sur les pensions des employés de la Préfecture de la Seine et de la Ville de Paris;

Vu les décrets des 7 février 1809, 30 janvier 1852, 30 juin 1855 et 22 février 1875 sur les pensions des employés de l'Assistance publique à Paris;

Vu l'ordonnance du 20 mai 1844 et le décret du 27 juin 1877 sur les pensions des employés du Mont-de-Piété, de Paris;

---

la proportion des vacances annuelles et dans les conditions d'admissibilité déterminées auxdits états, aux sous-officiers ayant passé douze ans sous les drapeaux dans l'armée active, dont quatre avec le grade de sous-officier.

Toutefois, en ce qui concerne la Préfecture de la Seine et la Préfecture de police, les emplois indiqués à l'état annexé ne seront exclusivement attribués, dans les proportions indiquées, aux militaires ayant le temps de service voulu dans l'armée active, avec quatre années de grade de sous-officier, qu'après un règlement arrêté entre l'État et la ville de Paris pour la répartition de la pension de retraite entre l'État et la Ville.

Loi du 22 juin 1878 (Art. 11). — Les sous-officiers ayant dix ans de service, dont quatre comme sous-officiers, participent, au point de vue des emplois civils et militaires déterminés par la loi du 24 juillet 1873, aux avantages stipulés par l'article 1er de cette loi.

(Art. 12). — Les sous-officiers portés sur les listes de classement des emplois civils dressées en conformité de l'article 8 de la loi du 24 juillet 1873 pourront être pourvus, dans les six derniers mois de leur service, de l'emploi pour lequel ils ont été désignés.

Loi du 23 juillet 1881 (Art. 14). — Les sous-officiers ayant sept ans de service dont quatre de sous-officier participent, au point de vue des emplois civils, aux avantages stipulés par l'article 1er de la loi du 24 juillet 1873.

Loi du 18 mars 1889 (Art. 14). — Les emplois civils désignés au tableau B de la présente loi sont exclusivement attribués, dans la proportion fixée par ledit tableau, d'abord aux sous-officiers ayant quinze ans de service, dont quatre avec le grade de sous-officier, et en second lieu aux sous-officiers ayant passé dix ans sous les drapeaux dans l'armée active, dont quatre ans avec le grade de sous-officier.

Vu l'ordonnance du 7 mai 1831 sur les pensions des employés de l'Octroi de Paris;

Vu l'ordonnance du 12 avril 1831 et le décret du 23 novembre 1857 sur les pensions des employés de la Préfecture de police;

Vu les délibérations du Conseil général de la Seine du 5 février 1878 et du Conseil municipal de Paris du 25 octobre 1877;

Ensemble les avis des Commissions administratives de l'Assistance publique, du Mont-de-Piété et de l'Octroi de Paris;

Vu les avis des Ministres des finances, de la guerre, de la marine et des colonies;

Le Conseil d'État entendu,

DÉCRÈTE :

ARTICLE PREMIER.

Les pensions de retraite des employés de la Préfecture de la Seine, des Administrations annexes (Assistance publique, Octroi, Mont-de-Piété) et de la Préfecture de police, qui auront été nommés en exécution des lois des 24 juillet 1873 et 22 juin 1878, seront, lorsque ces employés ne jouiront pas d'une pension militaire, mises pour partie à la charge de l'État.

ART. 2.

La part contributive de l'État est fixée, lors de la liquidation, d'après la durée des services militaires de l'employé et à la quotité qui est déterminée par le deuxième paragraphe de l'article 8 de la loi du 9 juin 1853, sans toutefois pouvoir être superieure à la rémunération des services militaires, telle qu'elle est réglée par les statuts de la Caisse de retraites dont l'intéressé est tributaire.

En ce qui concerne les pensions et secours accordés aux veuves et orphelins, la part contributive de l'État est égale au tiers de celle qui aurait été fixée pour le mari ou pour le père.

Lorsque ce dernier a été titulaire d'une pension militaire, la part contributive est due, si les services dans les armées de terre ou de mer figurent dans le décompte de la pension liquidée, au profit de la veuve ou des orphelins, par la Caisse spéciale.

ART. 3.

La part contributive de l'État est imputée :

Sur les fonds généraux du Trésor, en ce qui concerne les services dans l'armée de terre ;

Sur les fonds de la Caisse des invalides de la marine, en ce qui concerne les services dans l'armée de mer.

ART. 4.

Les pensions qui font l'objet du présent règlement sont liquidées conformément aux statuts de la Caisse de retraites intéressée ; les liquidations sont soumises par le Ministre de l'intérieur à l'examen de la section des Finances, de la Guerre et de la Marine du Conseil d'État. Les projets de liquidation sont accompagnés de l'avis du Ministre des finances ou de l'avis du Ministre de la marine, selon qu'il s'agit de parts contributives à imposer au Trésor ou à la Caisse des invalides de la marine.

ART. 5.

Les pensions dont il s'agit sont concédées par décrets rendus sur la proposition du Ministre de l'intérieur. Les décrets, contresignés par lui et par le Ministre des finances ou par le Ministre de la marine, selon la distinction faite à l'article précédent, sont insérés au *Bulletin des Lois*.

ART. 6.

Les pensions sont servies par les caisses spéciales. Les avances qu'elles font pour la part contributive afférente aux services militaires leur sont remboursées, chaque année, par le Trésor public et la Caisse des invalides de la marine.

ART. 7.

Les Ministres de l'intérieur, des finances, de la guerre et de la marine et des colonies sont chargés, chacun en ce qui le concerne, de l'exécution du présent décret.

Fait à Paris, le 11 juin 1881.

Signé : JULES GRÉVY.

Par le Président de la République :

Le Ministre des Finances,
Signé : J. MAGNIN.

Le Ministre de l'Intérieur et des Cultes,
Signé : CONSTANS.

Le Ministre de la Marine et des Colonies,
Signé : G. CLOUÉ.

Pour ampliation :

Le Conseiller d'État,
Directeur de l'Administration départementale et communale,
Signé : E. CAMESCASSE.

www.ingramcontent.com/pod-product-compliance
Lightning Source LLC
LaVergne TN
LVHW020457230826
846091LV00008BA/3262

9782011941510